K 과장이 노량진으로 간 까닭

심은섭 시집

문학의전당

自序

나의 원시적인 문학으로부터의 탈피를 위해, 시인이 한낱 사치스러운 신분이라고 말하는 대상물에 대해, 아니라고 변증법으로 부정을 할 수 있는 나의 유일한 방법은 「K 과장이 노량진으로 간 까닭」을 찾아내는 일이었다. 보름달을 수태할 초승달 같은 심정으로 밤낮 쉼 없이 찾았던 그 까닭을 이제 눈부신 세상에 조용히 펼쳐 놓는다. 무거웠던 억압의 체중이 조금 가벼워진 것 같다.

2009년 늦봄 현수당에서
심은섭

차례

1부 나를 돌아보는 나선형 계단

신발장에서 사라진 범선 • 13
어떤 손수건 • 14
누드와 거울 • 16
본적 • 18
늙은 호박의 학명을 묻는다면 • 20
해발 680m의 굴뚝새 • 22
공룡의 마지막 탱고 • 24
K에게 보낸 e-mail • 26
나를 돌아보는 나선형 계단 • 27
내비게이션 • 28
물방울의 춤 • 29
밤 9시, K 과장이 노량진으로 간 까닭 • 30
목관 악기 • 32

2부 거울 앞에서 탈 쓰는 여자

봄의 소묘 • 37
겨울 몽타주 • 38
아득한 알타미라 동굴 • 39
빗살무늬 아내 • 40
통점의 저녁 뉴스 • 42
生의 주어를 찾다 • 44
판화처럼 사는 모래여자 • 46
A4 용지의 프로필 • 48
겨울 도마뱀 • 50
두부 • 52
북쪽 새 떼들 • 54
거울 앞에서 탈 쓰는 여자 • 55
갱부 • 56
노인과 그 가문 • 58
낙타 • 60

3부 비에 사람들이 젖다

달의 뒤편 • 63
녹등길 25-1 사람들 • 64
뚝섬을 지나 구로디지털역까지 • 66
단오별곡 • 68
백야, 까레이스끼의 아리랑 • 70
뭉게구름의 기원 • 71
암컷모기들의 축제 • 72
산 667번지 • 74
분수 • 75
성산포 은갈치 • 76
쉼표 없는 모정母情의 강 • 78
'비'에 사람들이 젖다 • 80
'비'에 사람들이 젖다 2 • 81

4부 집을 허물며 산다

연탄재 • 85
12월의 바캉스 • 86
음주운전 • 88
장미축제 • 90
조르바의 춤 • 92
주홍거미 • 93
쥐포 • 94
집을 허물며 산다 • 95
취화선 2 • 96
해우소 • 97
DMZ의 침묵서약 • 98
자목련 • 100
가시연꽃 2 • 101
삼겹살 집 환풍기 • 102
겨울 나비 • 104
용접공의 딸꾹질 • 105
자동차가 엎드려 받아 쓴 말 • 106
전자공문 • 108
한양고물상의 史記 • 110
한 끼가 비어 있는 하루 • 112

해설 박동규_표상과 의미의 혼재를 사물의 새로운 창조로 • 113

1부 : 나를 돌아보는 나선형 계단

신발장에서 사라진 범선

낮술에 취한 저녁노을이 떠나갈 시간이면 네 척의 범선은 날마다 신발장에 정박했다. 하지만 세 척의 범선만 정박한 오늘, 한땐, 도시의 유람선이 되기도 했던 통발이 사내 어선, 물집이 부풀어오른 입술로 빌딩숲 속에 던져놓았던 어망을 건져 만선으로 돌아와 닻을 내린다. 미니스커트를 숭배하며 뱃머리를 할리우드로 향하던 순이는 눈동자가 푸른 외항선이 되어 돌아왔다. 검정 고무신이 비탈진 청무우 밭으로 실어 나르던 낡은 목선木船은 세월에 출렁이며 늙은 부처의 웃음으로 정박해 있다 구릿빛 얼굴의 철갑선은 램프 켜진 신발장에 오늘도 정박하지 않는다 그 철갑선은 갈매기들 사이에서 몇 개의 푸른 사리가 나온 폐선이 되었다는 풍문이 떠돌았다

어떤 손수건

탈진한 건조대의 빨래들이 투명한 기호를 방출하며 우는 것은 지난날의 상처를 치유하려는 제의이다 가령 적막을 거느린 사막으로 펄럭이는 온 전신의 손수건이 그렇다

생햇살이 주식主食인 까닭으로 갈증에서 일체의 벗어남을 허용하지 않는 손수건에 천공을 내고 펌프질을 하자 일제히 함성을 지르며 이별이 왈칵 쏟아졌다
나는 이들을 색깔과 종류별로 분류해 보았다 – 실종자 가족, 공항대합실, 망명정부, 6.25 피난길, 버스정거장, 참전용사의 미망인, 9.11테러, 미아보호소, 입영열차, 이주노동자 – 등이었다

이런 이별들이 서식하는 손수건에 나는 가만히 누웠다 이마와 이마를 맞댄 늙은 희로애락이 군락을 이루고 있었다 그들은 마림바를 두드리며 삼바춤을 추었다

그리고 이런 손수건을 바라보며 온순한 이별만 서식하리라 생각했던 나는, 또한 얼마나 어리석은 자인가 어떤 이별이 현상수배자의 눈빛으로 달빛 그을린 비문을 들고 찾아오면 그는 수문을 열고 눈물을 방류했다 이럴수록 나는 인간이란 이름을 감추었다

개밥바라기별의 눈이 충혈된 저녁, 활주로를 이륙하려는 입양아를 향해 손을 흔들던 초로의 몇몇 사내들, 손수건에서 무리지어 서식하는 것을 나는 보았다

누드와 거울

돌아누우면 새벽이다 배를 깔고 누웠던 밤 12시, 거울 앞에 선다 등 뒤엔 원죄를 묻어 놓은 에덴동산이 보인다 한 마리 뱀이 지나간다 파문이 몰려올 것이다

누드는 캄캄한 내 안의 하얀 그림자다
누드는 링거액이 꽂힌 혈액종양외과의 6인 병실이다
누드는 목판으로 찍어낸 편종소리다
아니, 토마토 아래의 크리스털 접시다
누드는

양떼구름 맛이고 천사가 가득 채워진 일회용 손거울이고 딸들이 떠난 긴 골목이고 맨발로 걷는 비누다 알 수 없는 상형문자로 내리던 눈이고 내 손을 빠져나간 히피족이고 아니, 거울에 갇힌 섣달 오후의 햇살 맛이다

누드는 눈썹과 발등 사이에서 정지된 유쾌한 눈물이다
누드는 허무의 원을 그리는 프로펠러다
누드는 브로커 속에 무수히 떠있는 여인의 푸른 눈이다
아니, 12월과 1월 사이의 13월이다
누드는

죄목판자 목에 건 수녀의 고단한 미소와 저음에서 저음으로 걸으며 암스테르담 홍등가로 떠난 입양아의 눈물이다

본적

나의 창세기가 기록된 벽화 한 장 걸려 있는 그곳, 적막에 강한 항체를 가진 고요가 무성하게 자라거나 돌도끼 사용법을 익히던 그곳, 그리고 열차가 떠날 때마다 흔들리는 램프가 될 뿐,

이토록 무엇이 나를 벽화로부터 벗어남을 허용하지 않는가—우체통 속으로 군사우편 소인이 찍힌 편지가 분주히 들락거리던 곳, 왼손잡이 바리깡이 벽돌모양의 나의 상고머리를 찍어내던 그곳,

가슴의 꽃비녀를 '갑'에서 '을'로 소유권을 넘긴 높새바람이 여전히 홧병을 앓고 있는 곳, 혁명의 군홧발소리가 수은주를 빙하의 골짜기로 내몰아도 살구나무는 기어이 꽃을 피워내던 곳, 하지만

흰개미들이 하혈하는 개기월식으로 홍해가 갈라지던 저녁, 극빈이 몰려다니던 파밭에서 부도난 신용카드가 난무하는 빌딩숲 속으로 나는 이동했다 이런 날들을 나의 출애굽기라고 항변하던 나는,

홍등가 2시의 사막을 걷거나 복면을 쓴 도시로 망명한 테러

리스트가 되기도 했다 이런 고통일수록 벽화에 대한 그리움의
상한선이 무너진 까닭을 나는 생각했다–그곳엔 생의 대첩에서
퇴역한 늙은 저격수가 살고 있었다

늙은 호박의 학명을 묻는다면

최초의 학명은 「김수로왕과」 왕족이었을지도 모른다
아니면, 회색 담장 밖 세상을 동경하는
「팔월의 사형수」에서 감형된 장기모범수였을까

열매는 꽃의 유언이므로, 그는
날마다 부활하는 수만 개의 태양이 쏟아낸 압정에
스스로 화상을 입어야 했겠다
그는 신목神木 잡고 카인의 원죄를 비는 무녀의
푸른 눈빛이어야 했겠다
18번, '시월의 마지막 밤' 을 부르던
늦은 오후
교전수칙을 지키며 성지의 순례를 끝내고 걸어온
길을 말아 피운다 그의 온몸은 길이다
둥근 영토, 빈 내장
그렇게 비워지고 둥글어지던 날

탐정이 찾아와 행방불명 사내의 신발문수를 기록했다
국적이 허기져도 위조지폐는 찍어내지는 않았다
호각소리에 실어증 걸린 새장 속 새벽은 매일 죽었다
머리 쪽으로 날아든 총탄을 향해 늘 웃고 있었다

식물도감에서 「열녀부인과」로 학명을 분류하던
사관史官이 비문을 쓴다
동지섣달
선자령 눈꽃 트레킹하는 현고학생뭉게구름신위라고

해발 680m의 굴뚝새

면사무소에서 4km 더 지나 우편번호 233-872에 살던
굴뚝새는 사내 굴뚝새를 산 14번지에 묻어 두고
경적소리와 높은 빌딩들이 난무하는 우편번호 100-866
69층 아랫목에서 무-말랭이가 되어 간다
우체국에서 지어준 100-866의 우편번호를
문패에 문신처럼 새겨놓고 살지만
산14번지 바람소리 전해줄
우편배달부의 발길이 끊어져 버린 지가 오래다
몇 날을 견딜 수 있는 수분이 얼마 남지도 않은
해발 680m에 살던 굴뚝새를
굴뚝새의 굴뚝새들이 바라보며 쌀독에
파랑주의보가 내려 호미자루를 놓지 못하던 날들과
냉수에 간장을 섞어 헛배 채우며 새우잠 자던 날도
미납된 등록금 영수증을 머리맡에 두고
밤새워 신열을 내던 일들을 떠올린다
절구공이에 짓이겨진 그녀의 가슴에는
슬픈 보석 몇 개 박혀 있다
두어 개의 천둥소리
하얀 달 몇 개와 서너 개의 태풍 그리고
몇 밤에 내린 무서리에 말라진 몸, 더 말려야

천국의 층계만이라도 가볍게 오르려는 듯
남아 있는 그들의 짐이 가벼워진다는 것도 안다
점점 더 멀어진 눈과 눈 사이의 간격
문밖까지 나온 기침소리가 폐경을 맞는다
우편번호 없는 묘비를 들고 오후 내내
창밖에서 서성이던 검은 도포를 입은 바람이
조등弔燈을 든 굴뚝새들의 포효를 뿌리치며
반송되지 않을 정량定量의 화석을
목관 속에 편히 눕힌다

공룡의 마지막 탱고

1.
그들의 아침 식사는 밤새 노숙하던 단단한
침묵이었으므로 스크럼을 짠 어둠이 별꼴로 깨진다
그 틈새로 새벽이 잉태하는 한반도
쥐라기 공룡들의 공원, 용산역
등뼈의 심줄을 당기며 플랫폼으로 공룡들이 몰려온다

2.
지상의 모든 레일은 공룡들의 무도장이다
속도의 덫에서 풀려나려고 속도를 숭배하던
둥근 발, 원을 그린다
작두 타는 무녀의 눈빛으로 내장을 채우던
티라노사우루스 공룡
밤마다 비워낸 내장에 전등을 켜고
직립으로 걷는 알을 품기 시작한다
부화된 알들
역마다 쏟아내며 가식을 벗은 단단한 눈물로
입술에 물집 몇 채 쓸어버리지만
제 몸속이 깜깜하던 쥐라기공원의 하얀 모국어로
목련이 지는 날을 예감하며

마른 눈을 비빈다

3.

속도가 바늘처럼 한 생애를 꿰뚫는다
둥근 발을 구르며 마지막 탱고를 추던 공룡들, 인식의
페이지를 넘기며 날개를 달 것이다
금이 가지 않는 벽
허공으로 이룩할 것이다

K에게 보낸 e-mail

방금 통장으로 「행복」을 송금했습니다
울적할 때마다 인출해 쓰세요
비밀번호는 「당신의 웃음」입니다

방금 타행환으로 「사랑」을 송금했습니다
그리울 때마다 인출해 쓰세요
찾을 수 있는 금액은 「한도초과 없음」입니다

방금 통장으로 「소망」을 송금했습니다
꿈 이루고 싶을 때마다 인출해 쓰세요
사용할 수 있는 금액은 「괜찮은 사람」입니다

방금 통장으로 「믿음」을 송금했습니다
한눈 팔 때마다 인출해 쓰세요
계좌번호는 「011-376-6812」입니다

나를 돌아보는 나선형 계단

AM : 8

나를 싣고 온 내 신발, 회색빌딩숲에 진열된다 신발들이 신발을 밟으며 사라진다 내 신발도 사라진다 게으른 새벽이 온다

AM : 8 ~ PM : 7

도심의 회색빌딩이 아우슈비츠는 아니다 그러나 아우슈비츠다 나는 매일 전사가 된다 빈 방이 허물어진다 그래도 내 몸은 밝아진다 모니터를 본다 방금, 어둠의 껍질을 벗겨낸 나, 접의자에 앉은 상자처럼 쌓인 빈 방들, 허공이다 음표로 가득 찬 카페와 블로그, 웹과 동영상의 포로가 된다 벽이다 그 벽에서 커피 냄새가 난다 유리잔 하나가 움푹 패여 있다 지붕 아래로 내려앉은 온몸, 균열된 얼굴, 가발을 씌운다 방들이, 빈 방의 벽들이, 벽을 쌓는 디지털이, 나를 히드라로 만든다 아홉 개 머릴 가진 벽을 허문다

PM : 7

생리를 끝낸 내가 걸어 나온다 거리의 네온사인 불빛과 뻥 뚫린 8차선으로 접속한다 반사된다 내 몸이 거칠게 방목된다

내비게이션

흰꼬리사막여우의 눈빛으로 낯선 사막을 횡단하라고 좌회전을 허용하지만, 생의 적정 속도를 위반하면 천둥소리로 감속을 요구했다 나는 이것이 벌목공의 톱날이 탄식의 원을 그리는 소리거나 가뭄의 강바닥을 기어가는 강물의 발정으로 알았다

황색 중앙선을 넘는 순간 카파라치가 나의 전신에 빨간 압류딱지를 붙이면 그는 밤새도록 신열을 냈다 나는 겨울바다가 피죽바람에 몸을 뒤척이며 귀를 여는 소리거나 들고양이가 허기를 걸어놓은 공터에서 목련이 몸 푸는 소리로 생각했다

낮술로 생의 노예가 된 나를 몰래카메라가 집어삼키려 하자 울음으로 용서를 빌기도 했다 어쩌면 나는 밤이 불러낸 어둠이 한낮에 졸던 가등을 깨우는 일이거나 붉은 칸나의 입술을 적시는 여우비의 인기척이려니 생각했는데

이런 일들은 악어새가 악어에게 다가가는 안전수칙을 타전하는 소리였다 궁합도 보지 않은 채 동행했다. 하얗게 비어가는 두 무릎, 늪 속 나의 청동시계를 깨우려고 전신이 폐허가 되는 소리였다

물방울의 춤

선반 위에서 세상 밖 풍문을 엿듣던 샴푸가 말한다 "내 몸은 푸른 옷을 입은 액체입니다", "무척 부드러워요" 하면서 요것이 내 머리꼭대기에서 논다 나를 조롱한다 수다 떨던 입에 거품을 물린다 결박당하는 나의 두 눈, 고문이다 이런 고문은 일종의 상속이라며 나를 위로하는 콧구멍의 벌름거림, 결박에 항의하며 내가 내 입에 거품을 문다 두 눈에 불도 켜 보지만 생각들이 일시에 술렁인다 정수리는 물방울들의 굿당이 된다, 제의다 물을 붓는다 의식의 춤을 춘다 이것은 팬옵티콘에 갇힌 영혼을 위한 주술이다 주술은 냉가슴을 구워내는 한 잔의 술과는 다르다 머리카락 속에 잠복한 변명들에게 일제히 퇴각 명령을 내린다 점을 보던 나는 하수구로 빨려 들어간다 이내 잠결에서 걸어 나온다 원근법에 익숙하던 내 눈알, 평면이 된다 물방울의 춤은 내 머리가 가을 연못이 되는 의식이다

밤 9시, K 과장이 노량진으로 간 까닭

1.

누가 그 까닭을 물어본 적도 없거니와 그가 그 까닭을 말한 적은 더욱 없다 천둥오리 떼가 언 발로 한강을 건널 때부터라는, 고드름처럼 서 있는 지하철 사람들 숲에 끼어 "내 그림자가 밤夜 나무의 잎인가"라는 독백의 전설쯤으로 생각했다 이방인을 극히 경계하는 도시, 물렁한 어둠을 자꾸 뱉어낸다 단단한 가식이다

2.

노량진으로 간다 고층빌딩 속 미래는 만년 과장의 화석시대인 까닭에, 새벽마다 어물전 시장바닥을 유영하는 물이끼인, 시간이 멸종된 기록은 어떤 책 갈피에도 끼어 있지 않는, 직선 먹줄 따라 걸어야만 하는, 영면의 잠 속으로 퇴각하는 늙은 군인들의 군홧발소리에, 밤夜 나무의 잎이 될 수 없는 까닭에 학원으로 밤 9시,

3.

가족사 안쪽을 서성이며 목 메이던 누대累代는 떠나갔다 마감소인이 찍힌 아내의 젖무덤에 만발하는 패랭이꽃, 핵융합하던 아이들의 웃음소리가 폭발한다 철모를 눌러쓰고 철야기도

를 떠났던 완행열차, 도시로 망명했던 누이 편물 짜는 소리 신고 돌아온다 빨간 신호등이 우글거리던 지갑 속, 푸른 지폐들이 목회를 하고 있다

목관 악기

처음엔 악기가 저음으로 신음했다 내가 나를 잃어버리던 어느
오후부터, 날마다
두레박을 내려도 닿지 않는 내 몸속 바닥에 앉아 신음했다

가령, 내 뼈 안쪽으로 쌓이는 죽은 시간들의 아우성이거나,
길 위의 인적을 비우는 통금의 사이렌소리로, 난간 없는
바다에 서서 난파선을 찾지 못한 등대의 흐느낌으로 알았는데

스위치를 누르면 형광등이 일제히 두 눈 부릅뜨는 저녁
장엄미사의 마태 수난곡을 연주하여도 내 가슴에 걸린
달의 몰락을 구원하지 못할 때면 악기는

온몸에 푸른 채찍을 감고 울었다 빙점에서 쩌억쩌억 갈라지며
몸이 어는 강물소리로 울었다 때론 서쪽 능선으로
맷돌보다 무겁게 가라앉는 석양처럼 붉게 울었지만, 나의

정신의 실밥이 터진 날엔 그 울음소리는 심한 악취를 냈다
열차의 레일 감기는 소리가 끊어진 삼등대합실 매표구를
기웃거리던 나는 공명을 잃은 악기에게 문자메시지를 보낸다

"지금, 나는
Time지誌 금융위기 발發로
무직교無職敎의 교주 세례를 받는 중입니다"

2부 · · 거울 앞에서 탈 쓰는 여자

봄의 소묘

비애 한 필 품고 혼절해 있는 폭포, 함몰된 젖가슴이 감자수제비처럼 풀어진 나비들이 흔들어 깨운다 꽃샘추위로 꽃샘추위가 떨고 있다 나목들이 무릎 꿇고 빌어도 용서할 게 없는 칼바람, 서른여덟의 나의 겨울을 자른다 포수를 비웃는 발목 시린 새들, 괴로움엔 상처가 없는 듯 부리가 번득인다 수양벚꽃들이 맨살로 둘러앉아,

경전으로 삼던 호수, 겨우내 메워진 구멍을 연다 햇살이 눈 덮인 도로를 뚫는다 완행버스가 낡은 엔진 한 벌 벗어놓고 간 민박집, 처마 밑에 램프를 켜도 텅 빈 꽃병이 된다 농축된 꽃봉오리, 핵융합을 시도한다 가지마다 분홍빛 미사일이 열린다 뇌관을 점화하는 태양, 이내 폭발한다 한 덩어리 오색구름으로 나뭇가지에 꽂히는

꽃, 회전하며 낙화를 시작한다 낙화는 꽃의 제2의 청춘을 위한 주술, 회전은 꽃의 예찬을 위한 의식이다 봄은 겨울의 유언을 받드는 제사장이 된다 꽃은 열매의 생모, 지구 저편 바람이 밟고 올 푸른 층계를 닦던 흰 눈이 안전선 밖으로 물러서 있다 꽃나무 아래에서 아이들이 서럽게 깔깔댄다 정지된 모든 것들, 소통을 위해 제의 중이다

겨울 몽타주

백기 들고 항복을 위장한 푸른 점령군, 잿빛 하늘 속에서 출정 준비를 끝내고 수은주가 저음으로 가라앉자 지상으로 진군을 시작한다 하얀 탈을 쓴 파시즘의 냄새가 배어 있고 검은 안경을 쓴 게슈타포를 닮았다

그들이 내뱉은 압정이 날아와 온몸에 박힌다 혀끝이 굳어지는 한강, 군홧발소리에 투항하는 나무들, 백 개의 눈이 일시에 사라진다 지하 단칸방엔 화석이 된 사내가 공테이프를 안고 헛돌고 있다 침이 마른다 단식하는 들판, 강은 강물 속으로 은폐한다

신의 밀지를 싣고 화차를 굴리는 4월의 태양, 제왕산은 얼음왕관을 벗을 것이다 눈발에 부러진 나뭇가지들 붕대를 풀고, 사슬에서 풀려난 눈이 큰 짐승들, 검게 탄 입술 갈피마다 꽃들이 가득 필 것이다 그들은 백기를 든 한 방울의 물이 될 것이다

아득한 알타미라 동굴

천강에 달뜨면 내 몸속, 아득한 알타미라 동굴에 누워 본다 잠든 살구꽃이 내려다보는 동굴 벽화엔 실개천이 흐른다 암석 밑에 숨어 있던 나의 들소, 돌아앉은 벽화의 웃음소리, 나는 나를 버린다 내가 일어난다 나는 구름계단을 걸어 나온다

달이 기운다 동굴 밖 어디런가 달려가는 들소 떼, 거울이 깨진다 내가 있을까 내가 달아난다 나는 동굴이 된다 동굴에 누운 저녁이 된다 이 저녁, 양수가 흘러 나온다 그런 나는 아직 자궁 속에 누워 있다 가을을 생각한다

기울어지는 벽화, 들소 떼가 걸어간다 동굴은 소리를 낸다 무릎관절에 발굽소리가 난다 아득한 알타미라 동굴, 들소의 울음소리가 들린다 계단이 일어선다 동굴이 사라진다

빗살무늬 아내

나이테가 서른 번째 원을 그리던 사월 십칠 일, 새 발자국이 찍힌 하늘빛 두 눈, 9부 능선의 콧등을 가진 한 권의 e책을 빌렸다 매일 겨드랑이에 끼고 살았다 반짝이는 키스의 추억, e책과 함께 꼬리 긴 한 갈래의 낯선 길을 동행했다

첫 장을 넘기며 점묘법으로 찍힌 e책의 사주를 읽었다 초경이 푸르게 세상을 첫 대면하는 13페이지, 20페이지엔 어떤 사내가 서 있었다 30페이지에선 나는 지휘자가 되고 e책은 청중이 된다 가끔 e책의 손을 잡고 과거를 만드는 현재로 미래를 쇼핑기도 하지만, 40페이지를 넘기면서 공원벤치에 앉아 베토벤의 운명 곡을 들으며 훗날 마른 가랑잎을 생각했다 풍향계는 자꾸 서북향으로 돌아가도 편곡 중인 폴카의 행진곡에 쉼표 하나 붙여 보았다 꿈길로 나팔꽃을 피워 올린 아이들, 책갈피와 책갈피 사이로 아늑하게 끼워진다 가위에 눌린 날이 많았던 e책, 허공에 은신하던 시간의 습격으로 반환점 팻말이 드러난 50페이지, 잠시 북-마크 끼워 놓고 귀퉁이가 닳아 둥글어진 그녀의 몸속을 들여다보았다

트로트로 성가를 부르는 마른 강물이 되고 낙화가 시작된 오후를 걷고 있었다 관타나모 수용소 철문을 닮은 입술, 천 개의

귀가 펄럭인다 목덜미로 잔주름이 몰려와도 난, e책을 읽고 싶다 반쯤 읽었다 마지막 페이지를 읽고 누군가에게 돌려줘야 할 e책, 페이지를 넘길 때마다 삐-걱 소리가 난다

통점의 저녁 뉴스

철새들의 그림자가 무수히 밟고 지나간 서쪽 선자령이
붉은 성체 한 알 집어 삼키는
시간

주가 600선이 무너졌다 창백할 수밖에 없는 저녁 뉴스
밤마다 코스피kospi가 종가 친 얼굴로 배달되던 사내,
어둠을 다 발라낸 통금시간을 지나 전신의 흰 뼈가
알코올에 절여진 조간신문으로 배달된다
대문 밖을 서성이며 밤새도록 들끓는 피를 수혈하던 여자
넥타이가 풀어진 조간신문을 정독하기 시작한다
(이유는 이러했다)
전신에 문신으로 새겨진 빨간 압류 딱지
혓바닥이 까맣게 탄 사내는 한낮에 깨진 별을
엘리베이터에 가득 싣고 돌아왔다
낮술에 취한 낮달이 떠 있는 그의 손금,
육체의 한 부분에 세 들어 살던 은색시계가 자꾸 헐거워졌다
그의 가슴을 배회하던 파란 꿈 한 장이 흰 머리카락 날리며
구부러진 지팡이를 짚고 길 위에 서 있었다
허리 휘감은 악어가죽허리띠에선 허기로 슬퍼진
악어 울음소리가 자꾸 들려왔다 그래도 사내는 절망의 긴

칼 앞에서 허리 굽혀 나팔 부는 앵무새는 아니었다
검은 구름모자가 하늘 한 귀퉁이로 밀어내며 그의
두 손을 묶어도 정신의 램프는 늘 켜 있었다

살점이 콘크리트처럼 굳어지는 통점의 저녁 뉴스
접시처럼 각角을 감춘 사람들의 헐거워진
늑골을 조이고 있다

生의 주어를 찾다

신당을 잃어버린 무녀 눈빛 같은 소한의 오후
여공들이 페달을 밟으며 생의 주어를 찾고 있다
밤새 달려오던 백열등, 속도의 덫을 벗어나지 못한 채
새벽에 이르러 물렁해지지만
미싱 페달을 밟으며 단숨에 원단을 횡단하는 그녀들,
투구를 눌러쓴 무사의 눈빛이다
페달이 원을 그리는 철마를 타고 꽃무늬 그려진
대륙을 휘돌아 올 때 시름에 발목을 묻거나
고삐 늦춰 흘릴 눈물 구멍이 없는 그녀들
가로세로 실밥이 슬픔과 기쁨으로 교차된 원단이지만
늘 웃고 있는 인형을 낳았다
퀵서비스로 병원비 납입고지서가 배달되는 날엔
그녀들은 시린 발목에 두어 개의 편자를 더 박아야 했다
낡은 창틀 핑계로 늘 냉기를 불러 모으던 골방,
언 손으로 극좌의 냉기를 달래려고 콘솔지퍼를 달았다
수은주가 신호탄처럼 튀어 올랐다 호흡이 거칠던
꽃씨들이 날아와 집을 짓고 피뢰침을 세웠다
미싱 외노루발의 발굽소리에 허리 펴는 원단
실밥은 한 땀 한 땀 기지개를 켠다
회색원단 위를 달릴 땐 손을 흔들어 주던 보푸라기들

아침 햇살 후광 속으로 파고든다
납기일 새벽
트럭에 시동을 건다
오색실밥 따라 노랑나비가 날아다니는 꽃무늬원단
봉제선의 밑실과 윗실이 원단의 주름을 당긴다

판화처럼 사는 모래여자

여자는 여전히 깨어나지 않는다 목관 속
매몰된 시간만 하혈하며 쏟아진다
모래제국이 무너진다
관절이 삭아 내린 여자의 그림자가 빠져 나온다
삽날과 해머가 그 길을 깬다
모래 속에 길이 있다
사막은 아흔아홉 칸의 빈 방들이다

손톱으로 걷어 본 그녀, 가벼운
연 잎 한 장이다
북천을 찾아 가라고 하늘은 어둠에 박힌
별의 이름을 낱낱이 불러 주었다
외등이 꺼진 목관
허름한 신발, 누구도 불러주지 않는
고요가 이정표인, 사막
모래가 울면 사막은 온순해졌다
목관 속으로 찾아온 낙타 울음소리, 손을 흔드는 건
비겁이라고 했다

누구든

모래여자의 뼛속을 통과하지는 못한다
허공이 지상으로 내려오지 않는 한
낙타의 둥근 발이 가슴을 밟아도 눈을 뜨지 않는 그녀
사막에서 건져 올린 판화 한 장이라던
고고학자들
비상구가 없는 사막의
혈관으로 방부제를 흘러 보내고 있다

A4 용지의 프로필

백색 테러다
수배자의 은신처가 해독되지 않는 신선한 난수표 한 장
테러리스트는 찾아 볼 수 없다
국경의 경계가 지워진 백야
타클라마칸 사막의 고요가 비대한 적막을 핥고 있다

고요가 고요를 부르는 부동자세에서
통금이 끝나지 않은 은색 12월의 캐릭터다
키워드는 완벽일 뿐
변두리의 흰 시선들이 그의 눈언저리로 다시 몰려온다

질량에서 부피의 패배
질량에서 사물의 심란한 구도 혹은 비상하는 휴지부
질량에서 넓이의 승리

밟아도 구겨지지 않는, 밟힐수록 맑아지는 그 얼굴 위로
하얀 표정들이 무수히 걸어 다닌다 누구든 이곳
설원을 스치면 얼룩진 기호로 남겨져야 하므로, 차마
침범치 못한 마지막 밤을 뜬눈으로 지새운 내가
나를 체포한다

복사기가 그의 온몸을 수색한다
평면을 부정하는 시위대들이 몰려올 것이다
공생을 포장한 굶주린 활자들, 기생을 강요하던
한 접시의 혀가 증거물이 될 것이다

겨울 도마뱀

비상하려던 고층빌딩숲 속 목각새들, IMF교 종파에
감염되어 넥타이를 풀었다
통장계좌를 타고 들어온 푸른 몸값 몇 장에
아내는 치매 걸린 문풍지였다
방패연처럼 아이들을 하늘 높이 날리려면
허공을 문 도마뱀이 되어야 했다
골목길 하나 보이지 않는 절벽
자폐증을 앓던 도마뱀의 다리는 늘 절름거렸다
벽은 외로운 사람들의 섬, 그래도
절벽을 숭배하지는 않았다
옆구리에 찬 녹슨 페인트통과 자루 빠진 붓을 들고
공중으로 달리던 태양이 낮달을 만날 때까지
나무 한 그루 없는 절벽을 산책했다
눈물 흘릴 구멍 하나 없는 절벽 산책 길에
박달나무로 짠 동창東窓의 창틀을 끼우고
어둠에 박힌 보석, 가로등을 세우고
눈雪 속에서도 피는 변산바람꽃을 그렸다
혼돈된 절벽으로 하얀 단색의 골목길이 나고
90° 낮아진 벽의 허리
녹슨 통장에서 투구를 눌러쓴 눈칫밥이 빠져나간 자리에

푸른 지폐들이 모여 수군거렸다
지갑은 철기시대에서 청동기시대로 이동했다
절벽으로 산책을 끝낸 페인트공
동면하지 않은 완벽한 도마뱀이었다

두부

모서리마다 귀를 세워 혀의 비위를 맞추려는 콩들
철모를 쓰고 도는 맷돌 속으로 빨려 들어가
허리 굽혀 무참히 순교한다
악 다물고 격자무늬 보자기를 스스로 통과하며 흘린
뼈의 눈물
비지라는 살점도 버렸다
무쇠가마솥에서 열병을 앓고 난 흰 살결은
혀의 미각을 섬기는 노예가 되지만 때로는
생의 비린내를 횡격막에 가두려고
무릎관절에 바늘을 세우고 우는 날도 있었다
사람들은 그를 혀끝에 맛의 누각을 지어주고
동전 몇 잎 받는 목수의 족속이라고 말하지만
혀의 의관으로 살던 그는 가끔
행주치마 한 번 벗어보지 못하고
아궁이에 불만 지피다 치매 걸린 늙은 앵두나무의
독백을 생각한다
"뜨거움과 무게에 짓눌려보지 못한 생의 무덤 속에는
보름달이 뜨지 않는다"는 그 말을……
전신의 뼈를 버려야 완제품이 된다는 것을 안다
나무틀에 앉았다

육중한 맷돌이 짓누른 자리에 칼끝이 또
살 한 점 떼어낸 뒤
하얀 육면체 제복을 입을 수 있었다

북쪽 새 떼들

새 떼들이 뱀 눈알로 날아간다
북쪽으로 간다
청호동* 우체통에서 나와 묘향산 우체통으로 가지만 그
사연 받아 줄
사람, 있을까

50년대 초 화약 냄새 자욱한 어느 겨울, 새 떼들이 백두산에서 내려와 남쪽 밤하늘에 슬픈 보석으로 박혀 있다는 이야기와 일곱 살배기 새 떼가 어느새 은관銀冠을 쓰고 어린 염소 목청으로 "오마니 오마니" 부르다가 틀니 벗어 놓고 유성이 되어 대기권 밖으로 사라졌다는 이야기도, 갯배에 질긴 절망을 싣고 나르던 청호동 늙은 새 떼들도 "가까이 오라 더 가까이 오라"고 하면서(통일이여 통일이여) 녹슨 철책선 넘어 들국화 핀 본적지를 바라보다 비문이 없는 무덤의 주인이 된다는

늙은 새 떼들의 새 떼들이 가지고(사연을)
묘향산 우체국 앞마당에 풀어 놓지도 못한 채
우체통 앞에 모여 있던 늙은 새 떼들은 시간에 짓눌려
돌아올 수 없는 먼 초행길 열차표를 무더기로
티켓팅하고 있다

*청호동 : 속초시에 있는 실향민 난민촌

거울 앞에서 탈 쓰는 여자

눈만 뜨면 거울 앞에서 탈 쓰는 여자
스무 살의 탈을 쓰고 밥 짓고 빨래를 하다가
식탁에 앉아 허공이 된다
손톱에 빨간 문양의 탈을 씌워도 허공 속에는
창과 방패가 들어 있다
간혹, 푸른 늑대들이 그 창에 찔리기도 하지만
사내가 흔드는 은방울소리에 가슴이 터지는 여자
점점 두꺼워진 탈을 쓰고 목마른
탈춤을 추기도 한다
빗방울 소리에 작은 섬이 되어
섬이 섬으로 외출을 하지만 돌아와야 할 시간을 안다
늑대들의 발자국이 무수히 찍힌 도시의 거리
그 길을 되돌아오는 오래된 종점에 서서
허물 한 겹 벗은 여자
뼈와 뼈 사이에 걸터앉아 있던 시간은 부패되고
목덜미에 잔주름 둥지 트는 소리가 들리는
은관銀冠 쓴 노파가
편자가 박힌 천마를 타고 탈 속을 걸어 나온다

갱부

말가죽 군화를 신은 바람이 악어 이빨로 나목裸木의
푸른 기침을 톱질한다. 그 소리에 정신의
실밥이 터져나간 갱부들
낮은 지붕 밑에서 허기진 어깨를 맞대고 있다

가슴에 박힌 검은 폐석을 새벽마다 도시로 실어 나르던 화물열차, 물집이 부풀어 오른 무릎관절을 접고 서 있다 열차시간표의 열차운행 시간들이 화석이다 관절마다 바늘을 세우고 벼랑에서 벼랑으로 가는 그들의 꿈, 한땐, 빛이 등을 돌려 함성을 보내야 그 깊이를 내뱉던 폐광 속에서 전신의 뼈를 몰고 와 거대한 어둠을 부러뜨리던 그들, 볼 수 없다 가끔 낯선 지도 속으로 떠났던 그들의 생의 바람꽃 지는 소리, 우편배달부가 우편함에 꽂아두기도 하지만 폐광의 자궁 속에서 탯줄을 끊고 나와 폐허를 한 입 베어 물고 떠나가는 그들을 말리던 몇몇 토종 갱부들, 거미줄이 얽힌 응축된 밤의 내장을 벗어나려고 붉은 이끼를 닦아낸 쟁깃날을 세워 다시 손금의 악보를 읽기 시작한다

밤과 내통하던 식민지의 빈 지갑
통금은 해제되고
갈기를 단 나팔소리는 쓰러진 새벽을 불러들인다

거친 땀방울들의 함성
가등街燈이 길을 내고
폐석을 뽑아낸 가슴에 푸른 초승달이 다시 떠오르는
그들, 지금
떼죽음의 밤을 통과하고 있다

노인과 그 가문

태백시 장성광업소 맞은편 태백중앙병원 611호
진폐증 환자실
한 노인이 사타구니 쪽으로 고개를 구겨놓고
누워 있다 그 병상 옆에 노인을 빼 닮은 쉰 살 넘긴
노총각도 새우등을 한 채 누워 있다
두 사람의 눈길이 병상과 병상 사이에 모여 앉아
지상에서 마지막 눈물로 죽음의 층계를 닦고 있다

낡은 엔진소리가 세습된 노총각은
노인이 걸어온 날들을 떠올렸다
빈 도시락에 캄캄한 어둠을 채워 퇴근하던 날
이빨 빠진 사기술잔 입에 물고
낡은 유행가를 부르며 허공에 꿈을 묻어버리던 일
기침소리 골방 가득해도 빈 지갑의 주름을 펴려는
손바닥의 굳은살은 박달나무보다 단단했다

갱도 275km 속에서 수천 년을 침묵하던
검은 돌의 어깨를 곡괭이로 내리찍던
노인의 숨소리는 초침이 돌아갈수록
공터에 버려진 경운기 엔진소리를 냈다

산소마스크가 그에게 물을 뿌려주지만
서늘한 보자기는 그의 얼굴을 덮었다
칸데라*의 심지에 더 이상 불을 밝히지 못하고
그가 밀던 탄차에는 달빛만 가득 실려 있다

밟고 오르던 죽음의 층계를 한 계단 남겨놓은
쉰을 넘긴 노총각
그의 누대를 떠올릴 사내아이가 없어
병상 베갯머리에 앉은 누이가
시멘트처럼 굳어지고 있다

*candela : a lantern(초롱)

낙타

문이 열리면 저 문이 열리면
난 사막으로 돌아가리라
녹슨 나팔로 폴카의 노래 부르며
신기루와 태양이 구워낸 모래알이 뒹구는
사막으로 돌아가리라
오아시스에서 놀다가 모래바람이 손짓하면
폭풍 속 모래의 나라
난 사막으로 돌아가리라
밤마다 나의 침실엔 모래 우는 소리
이미 모래땅에 묻힌 나는
돌아가, 사막으로 돌아가
울 안에서 보석으로 살던 꿈을 버리고
모래언덕 아래 화석으로 남으리라
입안 가득 모래톱을 베어 문 지금
뼈들이 쇠잔하여 돌아갈 수 없다면
하나 둘 빠져 나가는 몸속 깃털만이라도
내 눈알 속에서 떠도는
사막에 묻히리라

3부 : 비에 사람들이 젖다

달의 뒤편

고요히 눈 내리는 샤갈의 마을이 있다
달의 뒤편엔
이중섭이가 서귀포 바닷물을 퍼내며 아내를 찾고 있다
부다페스트에서 죽은 소녀 앞에 장미꽃을 바치는
김춘수의 어깨 위로 구름이 지나간다

아버지에게 보내는 편지를 읽는 카프카의 목소리가
악기의 공명으로 들리는
팔월의 오후
오규원은 나이프로 날이미지의 토마토를 자른다
달의 뒤편엔
온몸으로 쓰던 시에 침을 뱉고
한 잔의 술에 취한 김수영은 새우잠을 자고 있다

몇 개의 빈 의자가 보이는
달의 뒤편엔
샤갈의 마을에 내리던 눈이 그 의자에 내리고 있다

녹등길* 25-1 사람들

빈 젖을 입에 문 아이들의 울음소리가
뱃고동소리보다 높은 녹등길 25-1 사람들
바다를 퍼 먹고 산다
태풍주의보가 육중한 몸매로 달려오던 날
몇몇 사내들이 바다로 나가 바다가 되어
남자보다 여자가 더 많은 녹등길 언덕, 그래서
녹등길 25-1에 사는 사람들의 문설주에는 같은 날
조등弔燈이 걸린다

생선 비린내에 도회지로 떠난 아이들은
얼굴 없는 바다울음소리를 가끔 듣고 살지만
사내 잃은 울음소리 가득 고인 슬라브지붕 밑 침실로
밤마다 방파제를 넘어 찾아오는 바다는
발자국을 남기지 않은 채 하얀 그림자가 되어
제 몸속으로 숨어든다

등대가 시간을 뜯어 먹고 시력을 잃은 지금
해당화가 활짝 핀 녹등길 25-1~7 사이로
상처를 물고 제비처럼 떠났던 아이들이
검은 정장차림으로 돌아와

물질을 끝낸 노파老婆의 조등弔燈을 낡은
문설주에 또 하나씩 걸고 있다

*동해시 묵호동의 언덕길

뚝섬을 지나 구로디지털역까지

1.
잉크냄새에 취한 잡지들 마네킹처럼 앉아 있다
이 새벽, 무슨 말을 하려는 걸까
클로즈업된 잡지 표지 속
노랑머리 나체
조간신문은 또 누굴 기다리고 있는 걸까
환승을 기다리며 옷깃을 세운 뚝섬역
사금파리보다 더 차다
「연탄 한 장에 240원에서 500원」
이라는 신문 헤드라인이 낯선 시간들과 부딪히는
플랫폼으로 공복의 파충류 한 마리 들어 온다
어긋난 뼈를 맞추며 어둠의 중심을 깬다

2.
역마다 쪽방의 발가벗은 사람들을 집어 삼킨 전동열차
울컥 나를 쏟아낸다
찾던 그는 없다
실종된 기억조차 돌아오지 않는다
구로디지털역의 정강이가 깊게 패여 보이는 저녁
좁혀지지 않던 눈과 눈 사이의 경계

하현달 떠오르듯
하늘로 보낸 태양을 하관下棺하고 있다
는 문자메시지

3.
발목 묶인
시선 하나
저녁이 하늘에 내건 조등弔燈을 보고 있다

단오별곡

누이와 나는
강뚝에 앉아 난장을 바라다보는 것이 좋았다
그네뛰기, 씨름
창포머리 감기, 관노가면극
엿장수 가위질은 기타소리보다 더 아름다웠다

누이와 나는
들고양이처럼 난장을 바라다보는 것이 좋았다
말을 잃어버리고
넋을 잃어버리고
난장을 바라다보는 것이 한없이 기쁜 일이었다

누이와 내가
연어 떼가 돌아오지 않는 남대천 강변을 거닐며
말을 잃어버렸을 때
넋을 잃어버렸을 때
누이의 머리카락 속에 꼭꼭 숨는 단오를 보았다

누이와 나는
매양 수양버드나무 아래에 앉아 눈을 크게 뜨고

무녀의 눈빛을 읽으며
신목의 떨림을 들으며
유년이 잘려나가는 눈이 큰 들고양이가 되었다

백야, 까레이스끼의 아리랑

볼가강의 배 밑창보다 더 깊어야 할
상트페테르부르크의 밤은 수척하기만 하다
1g의 어둠으로 170수의 밤을 짜낸
0시의 거리는 더 창백하다
하늘로 치솟아 폭포로 서 있는 빌딩숲에
낮은 곳등을 감춰도 감춰지지 않는 까레이스끼
투명한 선지피가 고여 있는 눈동자엔
한반도 어느 산맥 기슭에 숨결이 잠든
갓 쓴 늙은이의 도포자락이 펄럭인다
목숨의 포로가 되어 눈밭에 풀씨로 남아
설원의 날카로운 지평선에 눈目 베이던 날
몇 개의 물방울은 혀끝에서 말라 버린다
허기진 이름들이 비문을 닦고 있는
상트페테르부르크의 거리에서
휘어진 혀로 단군의 딸이 부른 아리랑을 불러도
까레이스끼의 입술에 무궁화 꽃은 피지 않는다
밤이 없는 밤 상트페테르부르크의 도시처럼
서늘한 이마 뉘일 그 땅은 멀기만 한데
낡은 수첩에 회귀의 습성을 잊은
연어 떼들의 무덤이 하나 둘씩 모여든다

뭉게구름의 기원

붉은 성체가 수면을 찢으며 떠올라도 바다는 순결을 잃지 않는다 그 찰나, 땅에서는 한 인간이 첫 울음소릴 내며 호적등본 위로 출현한다 그 울음소리에 몰려든 사람들이 차츰 회색눈사람이 된다 그 까닭은 에덴의 동산에서 온 예언자가 아니라는 것이다 더 안타까운 것은 그 인간의 아버지가 골각기를 사용하던 크로마뇽인이었다는 낭설로 더 괴로워한다는 것이다 관습을 부정하는 몸짓이다 여섯 시가 죽어간 일곱 시 정각, 어제 탁본한 노을을 서쪽 하늘에 내 건다 창문들은 일제히 귀를 닫는 어둠이 찾아와도 중반에 접어든 세미나의 결론에 신념을 가져야 한다 하늘에 꽂혀 흰 깃발로 펄럭이다가 인명사전에서 사라지는 뭉게구름이라는 인간의 기원이 설령 가설일지라도 믿어야 하는 일이다

암컷모기들의 축제

열대야 0시
저공으로 비행하던 국적 불문의 비행기 한 대
침상에 누운 고깃덩어리를 향해
폭격을 한다

허기진 날엔
바람난 수컷이 돌아오지 않아도
귓밥 찢어지듯 스쳐가는 대공미사일 굉음도
바흐의 음악일 뿐
굶주린 기억이 죽음보다 더 붉어
눈물 흘릴 구멍 하나 없다 하지만
밤거리에서 탁발은 하지 않았다
낮술 먹은 고깃덩어리의 흰 이빨 속 음모로
외눈의 상처를 맛보기도 했다
몇 방울의 피를 빨아 먹은 폭격기 화색이 돈다
축제의 나팔을 불기 시작한다
향을 피우는 고깃덩어리
침상은 폐허가 된다
박제가 되어 거리에 누운 모기들
군화를 신은 진공청소기가 단숨에 빨아들인다

그 침상으로 구호품이 몰려온다
구호품을 둘러싼 포장의
주름은 햇살이 비쳐도 펴지지 않는다

밤을 기다리는 사막의 암컷모기들
새벽이 오기를 기다리는 고깃덩어리
뇌관을 차고
제 그림자에 갇혀 있다

산 667번지

산 667번지는 나의 신앙이다
나무물결 보다 정갈하다
산 667번지는 성황당 지키는 후박나무다
성당 종탑에 앉아 우는 부엉이다
산 667번지는 말발굽 아래 눈발로 날리는 탯줄이고
산 667번지는 가끔 밥 짓는 연기가 나지 않던 굴뚝이고
산 667번지는 거센 눈발 속에 지아비 하관하던
기억이 아직도 살아있는 촌로의 젖가슴이다
산 667번지는 지금
도시가 점령한 벽돌집 담벼락에 무우-청으로 걸려 있고
하늘만 우러러보는 폐교된 운동장이다
완행버스가 폐타이어를 벗어 놓고 하루를 묵어가는 공터
산 667번지는 훈련병들이 떠난 훈련소다

분수

절대 정상의 IQ를 가진 분수가 분수다 분수를 분수로 나누면 분수가 된다 치솟던 분수가 떨어지면 분수가 된다 꽃들이 바람 앞에서 분수를 떤다 분수 없이 분수를 모르고 오르고, 오르다가 꺾이고 마는 분수, 그 분수가 분수를 떨 때 분수는 분수처럼 치솟아 오른다 분수가 분수를 바라볼 수 없듯이 분수는 분수를 알지 못한다 바닥에서 다시 치솟아 오를 때 분수는 하늘이 열려 있어 마음껏 박차 오르려고 분수는 분수를 떨지 않는다 일정한 높이만큼 오르다가 일정한 간격으로 떨어진다 분수가 분수를 알고 분수를 지킬 무렵이면 분수를 떨 기력조차 없어지고 이미 밤이 돌아오고 그땐 분수는 어두움 속으로 사라진다

성산포 은갈치

발목 묶인 뻐꾸기가 노예의 울음소릴 내는
102-808호 초인종이 울렸다
새파랗게 질린 우체부가 하얀 목관 하나 건네주고
엘리베이터 속으로 사라졌다
성산포 앞바다에서 휘파람 불며 물질하던
낯익은 해녀가 그 속에 누워 있었다
해파리처럼 풀어진 동공 속에 해바라기 씨앗처럼
용서가 가득 차 있는 그 눈빛과 마주치는 순간
지축이 한쪽으로 기울었다
교만의 어망에 높은 족속의 비늘을 잃어버리고
나무도마 위에 앉은 그녀
탁탁탁 날카로운 칼날에 누구도 가질 수 없는
귀족의 은빛 비늘이 잘리고 있었다
나무도마에 누운 그의 임종을 지켜보던 나의 용기는
자루가 빠진 칼이었다
그가 저녁 밥상 위에서 닻을 내릴 때 나는
창백한 낯선 타인이 되어 거울 속에 서 있었다
삭은 뼈 한 조각이라도 뭍으로 갈 수 없다던 그녀
내 입속이 무덤이 된 것을, 하지만 나는 수십 알의
시간을 깨물어 먹어도 누구의 기억 속에 남을

은빛비늘 한 잎 갖고 있지 않다
누구 입속이라도 들어가 무덤이 되어주지 못한다
무덤이 되어줄 입 하나 갖고 있지 않다 나를 낚아주던
성산포 앞바다, 지금은 그녀가 부재 중이다
그가 부재 중인 것이
바다의 상처인 것을 누구도 아는 사람이 없다
날마다 상처를 입고 있는 그 성산포 앞바다에
흰 뼈들이 노래를 부르고 있다

쉼표 없는 모정母情의 강

신음소리가 들립니다
내 가슴을 건너가던 강물소리
(어눌하게 고요합니다)
뱉어낸 진액에 스스로 말라 갑니다
시간을 실은 완행열차가 철모를 눌러쓰고
강물소리 삼키며 달리던 날도 있었지만
늘 깃을 세운 정장차림으로
내게 다가옵니다

귓밥에 가득 고인 신음소리에
한 뙈기 어린 모가지는 살이 깊어지고
지금은 남긴 흔적을
내 심장 안에 가둡니다
칼날에 앉아 육두문자 한 줄 혀끝에 적셔도
저음으로 내 곁에 있습니다

강물소리에 돌들이 큽니다
신음소리로 헤진 내 신발을 꿰맵니다
그때마다
출생이라는 것을 생각합니다

처음 · 중간 · 끝의 소리를 찾으며
소리들의 쉼표가 어딘지를 생각합니다
쉼표가 출생의 비밀인지도 모릅니다
강물의 뼈마디를 잘라내는 시간들
깊게 패인 내 이마에도
지난날의 강물소리 여전합니다.

‘비’에 사람들이 젖다

비가 옥탑방 양철지붕을 쓰다듬고
비가 폐차장 떠도는 고양이를 쓰다듬을 때
비에 사람들이 젖어든다
비가 젖어들고 있는 것은 떠돌이가
비를 노래하기 때문이다
비는 춤을 추지 않지만
비는 추임새로 내린다 사람들을 쓰다듬고
비의 추임새 사이 노래가 내린다
비는 구름을 물고 오고
비는 노래를 물고 오고 노래를 물고 온
비는 떠도는 사람들을 물고 온다
비는 조명이 꺼져도 사라지지 않는다
비가 그치면 빈 의자에
비가 앉아 있고 음악이 그치면
비가 있던 빈 의자에 음악이 고여 있고
비의 공연이 끝나면 은빛 머리카락 날리는
비 같은 빈 의자에 빈 의자가 앉아 있다

‘비’에 사람들이 젖다 2

비는 입과 귀가 없다 그러나 팝콘 터지는 소릴 듣는다
비는 e메일 박스에서 구름과 교신 중이다
비는 한강을 뛰어내리는 스턴트맨이고
비는 숨은 돌을 찾는 스킨스쿠버의 알몸이고
비는 처마끝을 두드리는 타악기 연주자다
비는 강의 등 긁어주는 발톱이다
비는 먹구름이 아니다
비는 발라드풍으로 우는 나의 8월이다
비는 「시간을 놓친 나」와 「시간을 붙잡은 나」 사이에 있고
비는 등받이 없는 의자에 음악처럼 앉아 있고
비는 날개 없는 나비이고
비는 시계 속에서 나오지 않는 시간이고
비는 견고하다 그러나 물렁하다
비는 나를 보는 허공이라고 했고
비는 늦은 오후, 바다와 하늘의 경계이고
비는 6.25의 슬픈 파편들,
비는 몸이 마르면 흰 새로 앉는 연못이다

4부 · · 집을 허물며 산다

연탄재

지하 동굴에서 수천 년 동안 깊은 잠에 빠져있던
검은 노예들의 어깨를 곡괭이가 내리찍었다
어깻죽지의 상처는 쓰렸지만
탄차에 실려 세상 밖 최초의 빛을 보았다
환희는 잠시 뿐
기계들의 비명소리 들리는 공장마당에 쓰러질 때
조종弔鐘이 울려 퍼졌다
가슴에 열아홉 개 구멍을 달고
도회지로 입양된 검은 노예들
뚫어진 구멍마다 붉은 완장을 찬 불꽃들이 들어 앉아
검은 피를 빨아 먹었다
굴복도 저항도 아닌 순교를 택한
킬링필드의 흰 뼈들
주검이 되어도 한 곳으로 모여드는 습성을 가졌다
얼굴 비비며 언덕에 모여 앉아 골다공증에 시달리던
폭설의 겨울
달동네 언덕길에서 마지막 눈을 감았다
지하 어둠 속, 태워도 타지 않을 또 다른 검은 노예들
곡괭이를 노려보며 긴 잠에서 깨어나 있다

12월의 바캉스

삭풍이 수은주를 빙점 아래로 밀어내는 오후
성에가 유리창을 핥으며 햇살을 거부하는
백상어 아가리 같은 1004호 병실
바캉스를 떠날 줄무늬 가운을 입은 한 사내가
문을 들어선다 함께 따라 오며
청진기가 뱉어낸 말을 사내에게 들려주던
여인의 어깨가 바람 한 점 없는 공간에서 떤다
창틀에 갇힌 유리알도 따라 흔들린다
침상을 밀어내고 걸어서, 혼자
걸어서 나오라고
산뽕나무 뿌리를 삶아 먹이지만
신神은 그를 끌어당기고 있다
나무젓가락 같은 흰 뼈마디가 비친
유리창 밖 처마 끝
여인이 쏟아 낸 감탄사가 고드름으로 매달리고
나목裸木에 겨울 꽃으로 피어 내리던 흰 천사들이
목숨의 끈을 스스로 풀어놓던 시간
서늘한 보자기를 쓴 사내는 병실을 빠져 나와
누구도 기억하지 못하는 초행길로
12월의 바캉스를 떠난다

사내가 남긴 빈 지갑에 갇혀 살아오던 아이가
180cm 흰 가운을 입고 내시경 검사실에서
사내가 지나간 그 길로 떠나려는 병동 사람들의
절망을 건져 올리고 있다

음주운전

문신 가득 새긴 석간신문이 통로에 넙죽 엎드려 있다
「폭행을 일삼는 술주정뱅이 아비를 넥타이로…」
제 눈을 파먹는 기사 한 줄
전나무 가지가 부러진 북천北天 별자리로 어미는 떠나고
아비의 등뼈가 허리춤 밑으로 내려앉은
단칸방 아이들
총부리보다 배고픔이 더 무서웠던가
온몸에 악성 슬픔이 감염되어 언어를 잃어버린
눈이 큰 짐승들,
백열전구가 하품을 하며 흔들리는 포장마차
플라스틱 의자에 섬으로 떠 있다
접시에 처방전을 내 놓는 주인
멸치 서너 마리에 360㎖ 링거 세 병
유리잔 속에서 숨 고르던 25° 수액
말발굽소리 내며 개 짖는 산기슭 어둠까지 닿았다
슬픔의 독
흩어지지 않는다
속 비워낸 술병 주둥이에 물집이 부푼다
진실이 정면으로 비켜 서 있어
일 원짜리 동전에 생의 페달을 밟던 사람들

그 푸른 눈들이 구명운동 서명란에 하나 둘씩 모여
브레이크가 파열된
소녀의 음주운전을 말리고 있다

장미축제

골목으로 몰려다니던 고추–바람소리에 모든
창들이 귀를 닫아버린 저녁
배꼽 아래 신전에서 향연을 베푸는 장미축제
빨간 꽃을 빚던 요정들은 잠들었다
수취인 불명의 어떤 사내도 침범치 못하던 신전
사내아이 몇 명과
흔들릴 추가 없는 몇 송이의 꽃을 품었던, 그
천둥소리 사라진 신전을 푸르게 닦던 사내도
오랫동안 돌아오지 않았다
시간에 꽂힌 목숨은 오후로 점점 접어들고
그믐달 몇 개 뜨고 지던 정수리로
흰 머리카락이 무참히 살아나는 이 시간
축제를 끝내고 문이 굳게 잠긴 신전에 기대어
아침을 클릭하던 새벽녘
고통의 변두리에 살던 통증들이 허리로 몰려오고
붉은 장미꽃이 성스럽게 다시 피기 시작했다
오랫동안 수취를 거부하던 사내도 기웃거렸다
화색이 돈 신전
날개형
울트라 중형 20개입 한 세트 샀다

분열하던 여자
여자로 다시 포개어진다

조르바의 춤
–「그리스인 조르바」의 영화를 보고

야성의 영혼을 가진, 백정의 춤과 전사의 춤을 추는, 육체의 뻘 속에서 빛나는 마법의 시간이 무르익는, 주린 영혼을 채우기 위해 오랜 세월을 책으로부터 빨아들인 영양분의 질량, 생의 가장 밑자리까지 질주하여 생을 정복하는 그리스인 조르바,

*"새끼손가락 하나가 왜 없느냐고요? 질그릇 만들려면 물레를 돌려야 하잖아요 근데 왼쪽 새끼손가락이 자꾸 걸리적거리는 게 아니겠어요? 그래서 도끼로 내리쳐 잘라버렸어요" "결혼 말인가요? 공식적으로 한 번 했지요 비공식적으로는 천 번 아니 3천 번쯤 될 거요 정확하게 몇 번인지 내가 어떻게 알아요? 수탉이 장부 가지고 다니는 것 봤어요?"**

인간 내부의 무지, 악의, 공포 같은 모든 형이상학적 추상으로부터의 해방을 쟁취하는, 산투리 연주는 정열이고 도자기 빚는 것은 자유라는 늙은 노동자, 사람들이 섬기는 모든 우상들로부터의 해방의 자유를 만끽하려 했던 그리스인 조르바,

그런 너를 사랑할 수밖에 없다

*「그리스인 조르바」에서 차용

주홍거미

산 13번지 2부 능선에 주소를 둔 주홍거미
손질을 끝낸 어망을 허공으로 던진다
하늘이 마름모꼴로 깨진다
화려한 외출을 하던 하루살이가 어망에 갇힌다
그는 허기를 채운다 어떤 날엔
어망에 걸린 산제비나비의 비문을 세우기도 한다
열대야가 심하던 밤
하늘에 걸어 놓은 어망으로 굶주린 솔개가 날아와
억센 발톱 몇 조각을 걸어 놓고 몇 끼의
양식을 앗아 간다
살점이 떨린다
시퍼런 발톱 없이 외줄만 타던 주홍거미
레이더의 주파수를 바늘처럼 곧추세우고 또 다른
침입자의 심장 소리를 탐지한다
섭리에 불복이라도 하듯 그는 솔개가 할퀴고 간
어망의 그물코를 떨리는 손으로 더 촘촘히 꿰맨다
허공으로 다시 어망을 던진다
날개가 있어도 추락할 수 있는 도시
비 갠 날일수록
복면을 쓴 긴 발톱들이 매복하고 있다

쥐포

한 마리 물고기였다
해신海神도 급물살을 찢어대는 오만을 꺾지 못했다
해변가 소라여인숙을 침범하려고
밤마다 푸르게 몸을 말던 바다도 그의
방자함을 질곡하지는 못했다
반짝거리는 의상을 걸친 부르주아의 외아들이었을 그가
초가집에 살던
늙은 어부의 낡은 어망에 포획되어
낯선 수족관에서 한 접시 산소를 얻어먹던 순간까지
피비린내를 맡고 훌쩍 큰
자유의 자유를 알지 못했으리라
자갈을 쏟아 붓듯 말매미 울음소리가
조미가공 공장마당에서 지천으로 떠다니던 날
냉동실에서 그의 목관 짜는 소리와
다비식마다 울던 목탁소리가 함께 들렸다
200℃의 빗살무늬 화인이 찍힌 화석이 되어
세상에 납작 엎드린 너, 그날부터 사람들은
바다의 아들이라 불렀다

집을 허물며 산다

겨울 어느 날, 어머니가 주신 집 한 채 들고 나와 그 집을 허물며 나는 산다 집 한 채 다 허문 할아버지는 산으로 갔고, 그 집을 찾기 위해 할머니는 날마다 산으로 간다 가슴에 여러 개 관솔 구멍이 뚫어진 집을 허물며 어머니는 아버지가 걸었던 길을 홀로 걷는다 이른 새벽이 되어야 나를 버린 나를 낳는 수도승처럼 강물은 어둠이 있어야 허물을 벗는 산과 다르다 강물 속으로 산이 들어앉으면 산 속에 강물도 따라 들어앉는다 그 산과 강물 사이에 집 한 채 허물며 나도 홀로 걷는다 아이들의 집도 귀퉁이가 조금 해지고 닳는다 조금씩 조금씩 내 집이 다 허물어지는 날에 아내도 홀로 집을 허물며 있겠다 그리고 소금꽃 피던 바다와 내가 벗어 놓은 그림자가 널려 있는 집터가 그리울 게다 아직 나에겐 결정되지 않은 사랑채 하나 남아 있다

취화선 2

한 사내가 화선지에 오래된 길을 내고 있네. 꽃과 나비에 취한 한 사내가 화선지에 오래된 길을 내고 있네. 세속을 거부하는 꽃과 나비에 취한 한 사내가 화선지에 오래된 길을 내고 있네. 매난국죽과 함께 세속을 거부하는 꽃과 나비에 취한 한 사내가 화선지에 오래된 길을 내고 있네. 혹한의 눈발이 서린 날 향기를 팔지 않는 매난국죽과 함께 세속을 거부하는 꽃과 나비에 취한 한 사내가 화선지에 오래된 길을 내고 있네. 노비는 술에 취해야 흥이 나고 흥이 나야 붓끝에 신기가 내리는 혹한의 눈발이 서린 날 향기를 팔지 않는 매난국죽과 함께 세속을 거부하는 꽃과 나비에 취한 한 사내가 화선지에 오래된 길을 내고 있네. 청계천 거지 소굴에서 거지 패들에게 죽도록 맞던 노비가 술이 취해야 흥이 나고 흥이 나야 붓끝에 신기가 내리는 혹한의 눈발이 서린 날 향기를 팔지 않는 매난국죽과 함께 세속을 거부하는 꽃과 나비에 취한 한 사내가 화선지에 오래된 길을 내고 있네. 웃는 그날을 찾아 장작불에 몸을 던진 취명거사, 한 사내는 화선지 안에서 혹은 화선지 밖에서 꽃과 나비의 심장 소리를 붓끝에 담고 있네

해우소

적요寂寥, 그 속에서 비우기하고 있다

풀벌레 소리 숨죽인 나무틀에 앉아
알몸으로 몸을 푼다
덜 익은 유성 하나가 긴 한숨 삭히려고
별똥으로 떨어진다 그러자
상쾌한 새 한 마리가 허공으로 날아간 뒤
머릿속에 휘파람 소리가 돋아나고
비워도 배 부른 항아리가 된다
차츰 뼈마디도 제자리를 찾아가고
진땀이 멎고
헝클어진 실타래가 풀어진다 하지만
나무틀에 앉아 빈 접시로 남은 나에게
가슴바닥에 가라 앉아있던 물음표들이
불현듯 일어나
머릿속에 날 선 번뇌마저 비우라는
아우성치는 소리를 잊어버린 채
싸리문을 막 나서려는 순간

하늘, 그 꼭지에서 새들도 비우기하고 있다

DMZ의 침묵서약

방아쇠에 검지손가락을 걸어놓은 병사와 뇌관을 찬
발목지뢰가 두 눈 부릅뜨고 동침하는
DMZ
언젠가 북천北天 별자리로 동행할 손금이 같은
자유의 잎을 갉아 먹던 평화의 누에들이 우글거리는
JAS
땡볕에 말린 피문어 다리처럼 늘어져
억압의 덫에 걸린 들짐승들이 유골을 묻던
철길
전신이 마비가 된 채 침묵만을 편식하고 있다
본태성 고혈압이라고 말문을 닫은 그 무엇들도
파기하지 못한 침묵서약
하지만, 잃어버린 시간을 찾던 바이칼바람꽃이
철책 지뢰꽃의 슬픔을 끌어안으며
해모수의 함성을 기억하라 한다
묵은 시간이 쓸모없는 역사를 끌고 가도
열차는 관절을 세우고 달리고 싶은 것
목련 핀 고향이 갇힌 군번 없는
병사의 철모 속
1950년 6월 25일의 노을은 저물지 않고

삼지연三池淵
가문비나무들만 눈금저울 바늘처럼 떨고 있다

자목련

겨울이혹독하여꽃
눈이멀까했는데홀
로타고있습니다꽃
눈마다사연있어온
몸으로바람에저항
하며하이얀살점흩
날립니다창밖으로
달려간나의시선홀
로광야에서있으니
목련이몸푸는그믐
밤더기다려주지못
한이밤편히잠들기
어려울것같습니다

가시연꽃 2

늪에 풀어지는 목어木魚의 울음소리에
연밥 빚던 법문의 동심원
이마에 스며들어
욕망의 덫에서 스스로 풀려 나와
기도하는
하얀 보살

걸어온 길 뒤돌아보지 않는
침묵의 발자국 소리가 너무 깊어
텅 빈 네 가슴에 나의
업業을 무수히 올려놓아도
너는 가라앉지 않는다

눈이 너무 커 죽은 들짐승들을 달래려고
알몸으로
삭은 뼈를 물 위에 띄우며
백팔번뇌 손금을 풀고 있는
고깔 쓴
하얀 공양보살

삼겹살 집 환풍기

삼겹살 타는 냄새를 맡은 환풍기가 날개를 달고
저공비행을 시작한다
일정한 맥박을 유지하지만 촉수는 더 날카로워졌다
홀 안에 꽉 채워진 어둠을 빨아내고 그 자리에
알 전구불빛을 채웠다
의자에 사람들도 섬처럼 떠있기 시작했다
어떤 사내가 식탁에 풀어 놓은 생의 고뇌도
고등어 등뼈를 핥아 먹고 장딴지가 통통한 쇠파리도
창밖으로 밀어낸다
화덕에서 다비식을 끝낸 연탄불이
검은 노예의 덫에서 벗어나 하얀 화석으로 남는 시간
창밖엔 검은 외투를 걸친 어둠이 홀 안을 조여 왔다
충혈된 눈빛으로 밤새워 어둠을 퍼 나르던 환풍기
딛고 오를 층계가 없다고
이젠 더 가라앉을 바닥이 없다던 낮은 곳을
뚝심으로 쉼 없이 살핀다 그러다가
부엉새 울음소리가 성당종탑에서 멀어질 때
무허가 담벼락에 걸린
슬픈 보석이 되지만
침묵을 지키며

정찰비행은 계속되고 있다

겨울 나비

오후, 빙점을 지난 수은주 발가락이 발갛다
회색 하늘의 양수가 터진다
흰 옷을 입은 천사들이 울컥 쏟아져 나온다
천사들은 지상으로 몰려와 나비 떼가 된다
생의 암호를 풀 난수표 찾는 사람들의 속눈썹으로 걸어가
그들에게 물이 된다
물이 된 나비들은 천상으로 가려고
2호선 순환 전철을 타지만
정류장에서 서성이던 몇몇은 손금을 보며
낯선 시외버스를 가볍게 오르기도 한다 하지만
하얀 내 방에는 하얀 나비 한 마리 들어오지 않는다
혼란 속에 혼란이 있고
하얀 내 방 유리창이
유리벽을 닮아가고 내가 나비를 닮아 간 뒤
지난 봄 떠났던 나비는 돌아오지 않는다
갈증 속에 갈증이 있고
밤눈이 어두운 날개가 있어도 날아야 했던
나비들, 어쩌면
영혼이 바다였는지도 모른다
지금도 나와 함께 물방울이 되고 있다

용접공의 딸꾹질

손톱 밑엔 검은 시체 몇 구 데리고 사는 용접공
녹슬고 부러진 것들을 정교하게 이을 수 있는 것은
용접봉 불꽃을 체온으로 지폈기 때문일 게다 아닐 게다
푸르게 녹인 아침 덩어리로 분홍빛 저녁을 세우고
천둥소리 몇 개 구워 집어삼켰을 게다
까맣게 태워 처마에 매단 두어 개 태풍도 있을 게다
눈 오고 바람 부는 날에도 그냥 있을 리가 없다
속도의 덫을 기억하는 폐타이어의 어깨를 두드리며
불혹의 나이에 접었던 꿈의 파편들을 불러
엔트로피 열역학 제2법칙의 존재를 알려 주었을 게다
품값으로 강냉이 한 됫박이라도 받았을까
돋보기에 갇힌 저 눈빛
흩어지려는 생각의 뼈마디를 잇던 생의 오기는 아닐 게다
첫 글자가 범 호虎자로 시작된
가존家尊의 제삿날
생의 딸꾹질을 막아 보려고 들이붓던 막소주에
가솔들이 화상을 입은
늦은 오후
모방을 모르던 영육이 분리되고
푸른 사리舍利들이 이승의 통로를 빠져 나간다

자동차가 엎드려 받아 쓴 말

횟집 마당에 자동차들이 바다를 향해
무릎 꿇고 엎드린 채
무슨 말을 받아 쓰고 있었다

태양이 평면을 깨뜨리고 처음 떠오르던 날에도
도요새가 소돌 앞바다 바닷물을 바라볼 때도
내가 말없이 사라지는 날에도
바다는 상처가 있어 「짜다」는
바다가 말하는 바다의 말

천 년 전에 내렸던 눈은 지독하게,
해안선 모래톱에 내리고 있는 눈은 지겹도록,
먼 날 개 짖는 밤에 내릴 눈은 더 그립도록
하얀 상처가 있어 「하얗다」는
흰 눈이 말하는 흰 눈의 말

「짜다」는 말과 「하얗다」는 말은 오직 같은데
제 몸속 「맛」과 「색깔」을
늘 지켜 오지 못한 마음에 황급히 돌아서서
옷깃으로 얼굴 가리는

푸른 사내 하나

*주문진 해안가 마을

전자공문

춘투*가 아직 끝나지 않은 늙은 오후
붉은 완장을 차고 찾아온 전자공문
새파랗게 책상 앞에 모여 있는 사람들을
힐끔 쳐다본다

문서번호 : 인사-0047
구　　분 : 사외비 문서
문서제목 : 구조조정 실시
첨　　부 : 1.구조조정 심사 기준 1부
　　　　　 2.구조조정 대상자 명단 1부

반쯤 풀려있는 사람들이 피운 담뱃재는
무릎까지 차올랐다
차츰 도시가 비틀거린다
깨진 사금파리들의 눈빛이 더 날카롭다
몇 개의 시간이 죽어 간 뒤
세상은 다시 온순해지고
비문에 제 이름을 스스로 새기는
눈이 큰 짐승들
벼랑 끝에서 하얀 무덤을 생각한다

녹슨 우편함
미납 청구서
바람도 비켜가고 있다

*춘투 : 봄철 임금투쟁

한양고물상의 史記

렌즈가 깨진 아현동 210-737번지
고해성사를 끝낸
알몸들이 앉아 있다 무덤을 지고 가는
달팽이도 있다
귀 잘린 종이상자가 하얀
결로 일어선다 그 안에
폐허가 된 도시가 보인다
몰려오는 허리통증, 허리를 받치고 있던
곡선 접의자
흰 뼈를 드러내며 속도를 내던
폐타이어
어릿광대를 닦아주던 늙은
트럼펫
빈 술병의
휘파람소리도 들린다
알몸들을 곁눈으로 바라보던 동사무소
아버지의
할아버지가 지켜 온 고물상
등 굽은 저녁마당엔 깨진
오토바이

백미러 속에 갇힌 수많은 석양
「지는 것도 빛이 있다」며
눈부신 빛을 뿜어낸다

한 끼가 비어 있는 하루

오전수업 마침표를 찍어내는 종소리가
우물을 빨아 먹던 아카시아 나무를 흔든다
점심시간
교번 38번은 교실을 나간다
늘 한 끼가 비어 있는 하루
화단에 앉아 짐승이 떠난 산을 응시하는 고양이다
플라타너스 잎새를 불러와 오래도록
독백을 주고받던 시간 속으로
동쪽 교문에서 서쪽 골대로 비춰오는 햇살에
황톳빛 교정은 네모난 카스텔라로 구워진다
눈빛으로 찍어온 카스텔라를 다 먹어도
허기가 채워지지 않는 만찬, 그 자리로
수학 방정식을 풀어 허기진 배를 채우던
검은 뿔테안경 낀 비둘기 한 마리가
억센 사투리로 어깨 위에 얹힌 절망을 털어주며
교실로 밀어 넣는다 이제
책갈피마다 숨어 있는 허기 채울 길을 찾는
마지막 퍼즐게임을 끝내고
늦은 밤 점심을 먹는다

● 해설 ●

표상과 의미의 혼재를 사물의 새로운 창조로

박동규(문학평론가 · 서울대 명예교수)

그의 시를 읽어가면서

심은섭 시인을 만난 지도 오래되었다. 처음 그를 보았을 때 꽤 단정하게 정돈된 머리카락과 깔끔한 옷매무새로 직장에 다니는 평범한 회사원의 모습이었다. 그런데 그와 마주 앉아 몇 마디 말을 나누고 있는 동안 그가 무엇인가에 홀린 사람처럼 바쁘게 살아가는 듯한 인상을 받았다. 그 후 몇 번 강릉에서 보았지만 볼 때마다 이 바쁘게 보이는 인상이 항상 내 머리에 남아 있었다. 이번에 그가 시집을 내게 되어 나에게 글을 부탁하여 그의 시들을 꼼꼼히 살펴보고 있는 동안 겉으로 단정하고 안정된 모습이었지만 그 내면에 부산히 움직이고 있는 수많은 사물에 대한 호기심과 그 사물이 빚어내는 빛깔에 대한 상상들이 마치 벌통을 건드려놓아 벌들이 와르르 쏟아져 나와 날 듯이 그렇게 그의 시 속에 상상의 수많은 조각들이 그를 감싸고 있음을 알게 되었다. 이 수많은 조각들은 그가 삶의 자리에서 마주치게 되는 질문들, 예를 들면 삶의 '주어' 라든가 의식이라든가 제의라든가 하는 해답을 찾을 수 없는 저 먼 곳의 지향들을 찾아보고자 하는 스스로의 분해된 세포의 색깔과 의미를 시로 형상화해보고자 하는 방법의 하나가 아니었나 하는 생각이 들었다. 그에게는 모색의 미로가 바로 시로 형상화해야 할 과제가 되고 이 과제가 바쁘게 그를 보이게 한 것이라 할 것이다. 그러기에 심은섭의 시를 해독하기 위해서 빠른 길은 그가 사물의 여러 가지 의미를 어떻게 추적하며 그것을 어떻게 비유의 틀 안에 담고 또는 의미화 하고 있는가 하는 점에 있다고 할 것이다.

손수건의 내포와 상상의 사닥다리

먼저 심은섭 시인은 우리의 생활에서 만나게 되는 평범한 사물들을 통해서 그의 시에 담고 있다. 평범한 사물이라는 말은 그의 일상성에 매달려 언제나 그의 주변에 머무르고 있는 사물들이라는 뜻도 된다. 그는 이러한 사물들에 의도된 상상의 방법을 통해서 하나의 사물에 담겨진 굳어 있는 의미의 형태를 새롭게 포장하는 특별한 상상의 체계를 마련하는 것이다. 한 예이지만 그가 살아가는 강릉의 바다는 우리가 생각하는 바다와 다른 일상의 시야에 잡혀지는 수평의 선이다. 그러나 우리가 바다를 찾아 갔을 때 느끼는 놀라움과는 달리 그는 이 일상의 바다에서 수평을 벗어나 거품과 흔들림과 배와 그리고 일출과 노을의 변화를 찾아내고 이 변화의 발견을 통해 다양한 사물의 의미를 창출하고 있는 것이다.

> 탈진한 건조대의 빨래들이 투명한 기호를 방출하며 우는 것은 지난 날의 상처를 치유하려는 제의이다 가령 적막을 거느린 사막으로 펄럭이는 온 전신의 손수건이 그렇다//생햇살이 主食인 까닭으로 갈증에서 일체의 벗어남을 허용하지 않는 손수건에 천공을 내고 펌프질을 하자 일제히 함성을 지르며 이별이 왈칵 쏟아 졌다 나는 이들을 색깔과 종류별로 분류해 보았다- 실종자 가족, 공항대합실, 망명정부, 6.25 피난길, 버스정거장, 참전용사의 미망인, 9.11테러, 미아보호소, 입영열차, 이주노동자-등이었다 (중략) 그리고 이런 손수건을 바라보며 온순한 이별만 서식하리라 생각했던 나는, 또한 얼마나 어리석은 자인가 어떤 이별이 현상수배자의 눈빛으로 달빛 그을린 비문을 들고 찾아오면 그는 수문을 열고 눈물을 방류했다 이럴수록 나는 인간이란 이름을 감추었다//개밥바라기별의 눈이 충혈된 저녁, 활주로를 이륙하려는 입양아를 향해 손을 흔들던 초로의 몇몇 사내들, 손수건

에서 무리 지어 서식하는 것을 나는 보았다

—「어떤 손수건」 중에서

이 시에서 심은섭 시인은 손수건을 제시하고 있다. 상처를 치유하는 제의적 의미의 손수건은 일상적 생활의 한 양식이다. 이별의 상징적 내포는 이별이라는 굳어진 의미 안에 갇혀있다. 이 구속은 항상 손수건을 손에 잡는 순간 그 의미의 한정된 세계에 붙들어 주는 역할을 한다. 심 시인은 이 점을 주목하고 있다. 손수건이 지니고 있는 기본적인 의미의 한 축이 되는 이별의 정서를 한 단계 끌어올려 건조대에 매달려 있는 손수건으로 확대하고 이를 과거의 청산이라는 틀로 변형시켜놓고 있다. 그러나 이 변형은 일상적 의미체계를 벗어난 것은 아니다. 손수건은 이별의 표상이고 이 표상을 세탁하는 것은 이별의 아픈 과거와의 청산을 의미하는 것은 같은 차원에서 연결된다. 이러한 손수건에서 그는 우리가 잊고 바라보는 손수건의 뒷면에 감추어진 사연을 찾아내고 있다. 즉 건조대에 말라가고 있는 손수건을 드러내어 과거의 상처를 치유하는 내용으로 확장시킨 것은 일상적 상상의 체계이다. 그러면서도 그는 이 세탁된 손수건에 남아 있는 과거적 흔적을 따라 의식의 심연을 뒤져보면서 손수건의 여러 가지 사연들을 확장하고 있다. 확장된 손수건의 과거는 이별의 통상적 세계와 세탁이라는 청산의 의미에서 찾아낸 눈물의 흔적인 '온순한 이별' 의 터전에서 희로애락의 군락으로 자라는 인간의 내면에 감추어진 눈물을 드러내 보여주고 있는 것이다.

그는 눈물 뒤에 숨어 있는 참다운 인간의 본영까지 바라보려는 시인의 상상이 펴져 있다. 달빛에 그을린 비석 앞에 서면 비석의 주인이 남기고 간 행적을 뛰어넘어 그가 지녔던 감정의 깊이 속으로 빠져 들기도 하고 활주로를 이륙하는 비행기에 탄 입양아를 향해 손을 흔들던 이가 돌아서서 눈물을 훔치던 손수건에 묻어 있던 눈물자국에 담겨진 근본적인 물음인 혈연의 아픔도 기억하는 방법인 것이다. 다음 '물방울의 춤' 이라는 시편을 보면 선명한 이미지를 찾을 수 있다.

> 선반 위에서 세상 밖 풍문을 엿듣던 샴푸가 말한다 "내 몸은 푸른 옷을 입은 액체입니다", "무척 부드러워요" 하면서 요것이 내 머리꼭대기에서 논다 나를 조롱한다 수다 떨던 입에 거품을 물린다 결박당하는 나의 두 눈, 고문이다 이런 고문은 일종의 상속이라며 나를 위로하는 콧구멍의 벌름거림, 결박에 항의 하며 내가 내 입에 거품을 문다 두 눈에 불도 켜보지만 생각들이 일시에 술렁인다 정수리는 물방울들의 굿당이 된다, 제의다 물을 붓는다 의식의 춤을 춘다 이것은 팬옵티콘에 갇힌 영혼을 위한 주술이다 주술은 냉가슴을 구어내는 한 잔의 술과는 다르다 머리카락 속에 잠복한 변명들에게 일제히 퇴각 명령을 내린다 점을 보던 나는 하수구로 빨려 들어간다 이내 잠결에서 걸어 나온다 원근법에 익숙하던 내 눈알, 평면이 된다 물방울의 춤은 내 머리가 가을 연못이 되는 의식이다
>
> —「물방울의 춤」 전문

이 시는 서술적 형식으로는 샴푸로 머리를 감는 행위를 그려내고 있다. 그러나 그가 서술을 벗어나 시의 양식으로 바꾸면서 화자는 '나'라는 자아가 되고 샴푸가 내 머리 위에서 거품으로 변하는 변화와 그 자극이 발전하여 머릿속에 물방울의 춤이 펼쳐지고 의식의 공간에 담아져 있던 모든 것들이 가을 연못의 모양으로 변하는 상상을 보여주고 있다. 이러한 일련의 과정을 심 시인은 몇 가지의 장치를 통해서 의미를 드러내 보여준다. 먼저 샴푸의 고문이다. 머리 위에서 거품으로 변하는 과정에서 물방울의 굿당으로 만들고 두피 속의 숨어 있던 삶의 변명들을 다 씻어내서 하수구로 흘려보내는 것으로 끝이 난다. 그러면서 씻겨 내려간 두피 안에 담겨진 의식의 세계가 적요한 가을 연못처럼 새로운 사색의 마당이 되어지는 변화를 시인은 찾아낸 것이다. 이와 같이 샴푸라는 생활의 도구가 의식의 심연에 미치는 평정의 세계로 만드는 과정을 시인은 창출한 것이다. 따라서 그의 상상력은 이와 같이 일상성을 근거로 내면으로 향하고 있다. 이 내면의 '머리카락 속에 잠복한 변명들'은 시인이 본질에서 벗어나 세계에 던져진 타의적 삶에 대한 설명인 동시에 나를 허물어뜨리는 탈 쓴 모습의 합리화인 것이다. 샴푸는 이를 제거하고 '원근법에 익숙한' 나의 시각을 평면으로 만들어 참다운 나의 모습을 기억하게 하는 가을 연못으로 인도하는 것이다. 이러한 심 시인의 감각은 이데아의 논리적 구축보다는 이미지의 축적을 통해 얻는 감각의 다양성으로 제시하는 점이 독특하게 보인다. 이는 샴푸의 용해

과정을 따라가며 보여주는 여러 색깔의 느낌이 나의 의식세계가 평정으로 가는 여로와 일치하고 있는 점을 살펴보면 알 수 있을 것이다.

'나'를 시발점으로 하는 상상의 여로

또 다른 심 시인의 시적 기법은 '나'라는 자아의 성찰이다. 시인은 사물의 세계에만 매달려 있는 것이 아니라 '나'라는 자아가 세계에 던져져 있는 모습과 그의 행로에 대한 상상적 사닥다리를 제시하고 있다. 이 상상적 사닥다리는 시인이 지향하는 삶의 온전한 방향과 시인의 내면에 감추어진 또 다른 삶의 지향을 병치시켜서 그가 어떻게 세계 안에 존재하고 있는가를 살펴보려는 의도를 가지고 있다. 시인은 현실 세계 안에서 살아가는 평범한 사람이면서 그가 꼭 살아가야 할 지표가 그의 일상과 맞지 않는 갈등 관계를 가지고 있고 이 갈등은 그에게 과거나 혹은 또 다른 자기를 투영해 볼 수 있는 매개를 통해서 드러나게 하고 시인이 바라고자 하는 삶의 저편을 보여주고 있다.

먼저 「누드와 거울」이라는 시에서는 내 안에 감추어진 또 다른 나를 누드라는 양식으로 끄집어내고 이 누드 안에서 그가 묵묵히 못 본 듯이 살아온 진실한 것에 관한 외면을 찾아 드러내 보여 주고 있다.

돌아누우면 새벽이다 배를 깔고 누웠던 밤 12시, 거울 앞에 선다 등 뒤엔 원죄를 묻어 놓은 에덴동산이 보인다 한 마리 뱀이 지나간다 파문이 몰려 올 것이다//누드는 캄캄한 내 안의 하얀 그림자다/누드는 링거액이 꽂힌 혈액종양외과의 6인 병실이다/누드는 목판으로 찍어낸 편종소리다/아니, 토마토 아래의 크리스털 접시다/누드는//양떼구름 맛이고 천사가 가득 채워진 일회용 손거울이고 딸들/이 떠난 긴 골목이고 맨발로 걷는 비누다 알 수 없는 상형문/자로 내리던 눈이고 내 손을 빠져나간 히피족이고 아니, 거울에 갇힌 섣달 오후의 햇살 맛이다//누드는 눈썹과 발등 사이에서 정지된 유쾌한 눈물이다/누드는 허무의 원을 그리는 프로펠러다/누드는 브로커 속에 무수히 떠있는 여인의 푸른 눈이다/아니, 12월과 1월 사이의 13월이다/누드는//죄목판자 목에 건 수녀의 고단한 미소와 저음에서 저음으로/걸으며 암스테르담 홍등가로 떠난 입양아의 눈물이다

—「누드와 거울」 전문

심 시인은 누드로 거울 앞에 선 한 인간의 모습을 보여주고 있다. 그런데 이 시에서 주목해야 할 것은 화자가 누드로 되어 있다. 옷을 입은 인간인 '나' 도 아니고 또 다른 어느 인간을 지칭하는 것도 아닌 누드라는 어휘로 화자를 설정했다. 이 누드는 남녀구분 없이 모든 사람 중에 누가 누드로 서 있다는 가설을 숨기고 있다. 이를 보다 명료하게 한다면 누드라는 어휘 자체이다. 그는 이 벌거벗은 모습이라는 것이 지

니고 있는 감각적 형상을 통해 상상의 나래를 펴고 있다. 거울 앞에 벗은 몸을 발견한다. 이 몸은 몸 안에 감추어진 하얀 그림자이기도 하다. 그리고 이 그림자와 함께 몸 안은 병실이기도 하다. 누드는 입양아의 눈물이기도 하다. 누드 속에 녹아 있는 이 많은 은유들은 결국 누드의 발전된 상상에서 피어난 또 다른 몸의 파편이다. 심 시인은 누드에서 얻을 수 있는 욕망의 갈래들을 마치 수실로 수를 놓듯이 수많은 사연들을 상상하게 만들어 내고 있다. 그러나 이 상상은 누드와 등식을 같이 하는 변형의 몸일 뿐이다. 이 변형의 몸은 껍질을 벗겨야 보이는 과일을 속살처럼 껍질을 제거하지 못하고 살아가는 인간의 탈 쓴 가면에 대한 부끄러움의 고백일 수 있고 이 고백은 자아의 내면에 대한 정직한 호소일 수도 있다. 그가 말하는 '허무의 원' 을 그리는 프로펠러처럼 '나' 라는 자아의 다른 세계로의 긴 여로가 그려지는 모습이기도 하다. 심 시인은 그의 내면에 가라앉아 있는 삶에서 얻은 체험의 흔적과 그리고 이루지 못한 욕망의 잔해들을 적당하게 배합하여 또 다른 자아라는 타자를 끌어내는 기법을 보여 주고 있다. 조금은 난해해 보이는 그의 시적 상상은 '나' 라는 자아가 어떻게 세상 안에서 다른 '나' 로 살아가고 있는가를 밝혀냄으로써 진실한 인간다움에 관한 목마름을 호소하고 있는 것이라 할 수 있다. 이는 스스로 외면해 버리거나 억압해 놓고 살아가는 것들에 대한 잔잔한 환기인 동시에 그가 진실로 바라고자 하는 것들의 지표이기도 하다. 그러기에 그의 시는 요설이 아닌 지향의 전망을 보여주는 것이라 할 수 있다.

목관 악기와 신음하는 자아

처음엔 악기가 저음으로 신음했다 내가 나를 잃어버리던 어느/오후부터, 날마다/두레박을 내려도 닿지 않는 내 몸속 바닥에 앉아 신음했다//가령, 내 뼈 안쪽으로 쌓이는 죽은 시간들의 아우성이거나,/길 위의 인적을 비우는 통금의 사이렌소리로, 난간 없는/바다에 서서 난파선을 찾지 못한 등대의 흐느낌으로 알았는데//스위치를 누르면 형광등이 일제히 두 눈 부릅뜨는 저녁/장엄미사의 마태 수난곡을 연주하여도 내 가슴에 걸린/달의 몰락을 구원하지 못할 때면 악기는//온몸에 푸른 채찍을 감고 울었다 빙점에서 쩌억쩌억 갈라지며/몸이 어는 강물소리로 울었다 때론 서쪽 능선으로/맷돌보다 무겁게 가라앉는 석양처럼 붉게 울었지만, 나의//정신의 실밥이 터진 날엔 그 울음소리는 심한 악취를 냈다/열차의 레일 감기는 소리가 끊어진 삼등대합실 매표구를/기웃거리던 나는 공명을 잃은 악기에게 문자메시지를 보낸다//"지금, 나는/Time지誌 금융위기 발發로/무직교無職敎의 교주 세례를 받는 중입니다"

—「목관 악기」 전문

심 시인의 개성적 발상의 하나는 '목관 악기'에서 잘 드러나 있다. 목관 악기의 소리는 내가 나를 잃어버린 순간에 나를 찾아내게 하는 신호로 변한다. 이 소리는 '등대의 흐느낌'처럼 홀로 외로움을 견디지 못하고 바다처럼 흔들리고 있을 때 아니면 그런 외로움이 아우성처럼 귓속을 막아 설 때 목관 악기의 소리는 신음을 깨닫게 한다. '달의 몰락' 처럼 한 밤을 죽음과 마주하며 고민할 때 목관 악기의 소리는 내가 맞선 현실의 문제가 아닌 그 문제의 저편에 감추어진 진실한 것에 관한 깨달음으로 나를 끌고 가거나 가다가 버리기도 하고 석양이 내릴 무렵 하루의 종이가 보여주는 감정적 절망의 화려한 사치도 두 손 놓고 서서 바라보는 얼어붙은 가슴에도 목관 악기는 스며오고 그러다가 살아가기 위해서 잠시 머문 어느 역 삼등대합실 매표구 속에서 목관악기는 신호를 보낸다

이 시에서 얻을 수 있는 목관 악기의 소리를 상상해 보았다. 시인이 그려놓은 소리와 다른 의미로 전개된 것도 있을 수 있지만 이 소리의 파장은 거의 동일한 궤적 위에 그려져 있을 것이다. 심시인은 이와 같은 소리의 궤적을 그려서 그가 현실에 처한 고통과 시련을 벗어나는 껍질 벗기의 한 방식을 마련하고 있는 것이다. 그는 마치 파노라마식 영상조작을 통해서 공감각적 목관 악기를 확대하고 목관 소리의 파장에 따라 생겨나는 감정적 환상을 그려내고 있는 것이다.

그가 꿈꾸는 시의 지향은 이와 같이 관을 통해서 나오는 공기가 소리로 변하고 그 소리가 인간의 잠재적 공간에 녹아 있는 감정적 유동을 의미의 형상으로 바꾸어 위로나 공포 혹은 좌절의 절망까지도 껴안고 살아나게 하는 힘을 지니고 있음을 보여주는 것이다.

이와 같이 심 시인은 사물의 단단한 껍질을 뚫고 들어가 그 안에서 일어나는 미세한 움직임을 찾아내고 이를 극화시켜내는 기법으로 울림의 소리가 주는 파장을 그려내고 있는 것이다.

이제 그의 시에서 얻는 빠른 이해의 지름길을 따라 그가 드러내고자 하는 시적 환상의 세계를 추적해보면 두 가지의 큰 설정된 무대를 만나게 된다. 첫 번째는 그의 시에는 수많은 은유들이 담겨 있다. 이는 오늘 그가 사용하는 언어가 일상에 젖은 손때 묻은 익숙한 것이기에 그의 의식에서 생겨나는 낯선 형상을 그려낼 수 없다는 전제로 해서 새로운 표현의 양식을 찾아보려는 시도라고 할 것이다. 그렇기 때문에 그의 시는 사물의 다양한 의미층으로 구성되어 있다는 점이다. 그래서 그의 시에서는 놀라움이라는 무대를 만나게 된다. 사물이 여러 겹으로 둘러싸여 있는 것을 밝혀내는 그런 무대이다. 둘째는 그의 시에서는 자아와 타자가 하나의 틀 안에 존재하고 있다는 점이다. 비록 그가 기술하는 방식이 화자가 '나'라는 주제가 되어 있지 않더라도 나와 나를 둘러싸고 있는 것들과의 관계에서 비롯하고 있다. 이 무대는 그의 다양한 표현기법이 주는 현란함 속에서 그만의 독특한 지적 상상의 충족을 맛보게 하는 것이 되어 있다.

이제 처음으로 돌아가 그의 시집 발간을 출간하면서 그가 시집의 제목으로 삼고 있는 「K 과장이 노량진으로 간 까닭」처럼 그의 삶에서 지워버릴 수 없는 것들을 모아 아무도 묻지 않는 질문에 스스로 대답하는 형식을 통해 산다는 것의 본질과 거리를 조정하려 하고 있는 것을 볼 수 있다. 그는 분명 이러한 시적 성향으로 누구와도 다른 그만의 시세계를 구축하고 우리에게 그의 예리하고 풍요로운 감각의 그물로 건져 올린 상상의 조각들을 만나는 놀라움을 줄 것이라 기대한다.

문학의전당 · 시인선 78
K 과장이 노량진으로 간 까닭

초판인쇄 2009년 7월 1일
초판발행 2009년 7월 7일

지 은 이 심은섭
펴 낸 이 김충규
펴 낸 곳 문학의전당
출판등록 제387-2003-00048호(2003년 9월 8일)

주 소 121-718 서울특별시 마포구 공덕2동 404번지 풍림VIP빌딩 202호
전화번호 02-852-1977
팩시밀리 02-852-1978
블 로 그 http://blog.naver.com/mhjd2003
전자우편 mhjd2003@naver.com

I S B N 978-89-93481-29-7 03810